À mon épouse Candé
A. G.

Pour les matins de Poupard
M. L. H.

Loi n8 49-956 du 16 juillet 1949 sur les publications destinées à la jeunesse.

Dépôt légal : 4e trimestre 2007.
ISBN : 978-2-84865-178-1

Imprimé en Belgique.

PROUTS des PRÉNOMS

CHOISISSEZ LE BON !

éditions Sarbacane

Prout d'

vole dans les

Agathe

nattes !

Prout d'Alexandre

couve sous la cendre !

Prout d'Alice

n'est pas fleur de lys !

Prout d'Allison

sonne

comme

un trombone !

Prout d'Amandine

vide la cantine !

Prout d'Antoine

déchaîne les moines !

Prout d'Axel

réveille un hôtel !

Prout de Benjamin

fait bondir les dauphins !

Prout de Benoît

brume sur les toits !

Prout de Boris
éclate
le
maïs !
POP

Prout
de Brigitte...

Prout

de Bruno

sépare les
bons amis
des faux !

Prout de

Camille

pantalon en guenilles !

Prout de Candice

file la jaunisse !

Prout de Carole

rires en farandole !

Prout de

Charles-Henri

dégomme les souris !

Prout de Charlotte

coincé dans la culotte !

Prout de Chloé

poils de nez grillés !

zzz
zzz
zzz
zzz
zzz

Prout de Clara

senteur de dahlias !

Prout de Clément

parfume maman !

Prout de Clémentine

pollue la cuisine !

Prout de

Coline

fait tomber les canines !

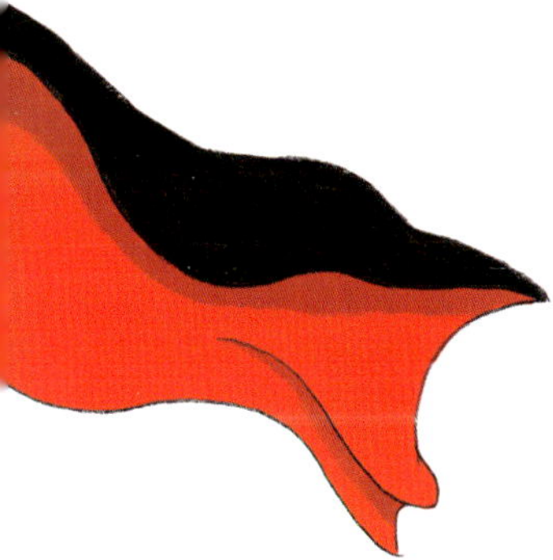

Prout de Cunégonde

les portables fondent !

Prout de Didier

brouille la télé !

Prout de Dorian

ranime les volcans !

Prout d'Édouard

une croche et deux noires !

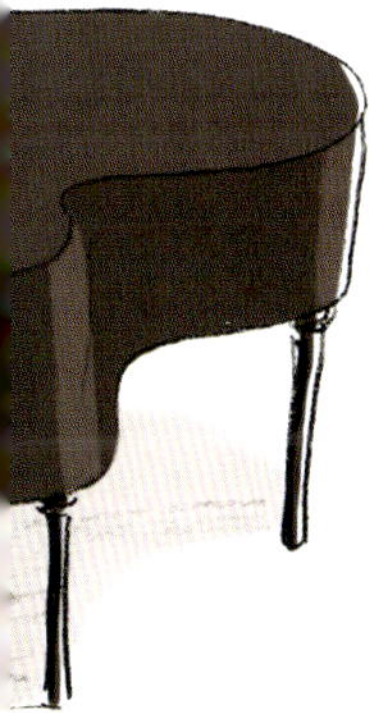

Prout d'Élise redresse la tour de Pise !

Prout d'Emma moral au plus bas !

Prout d'Enzo

panique au zoo !

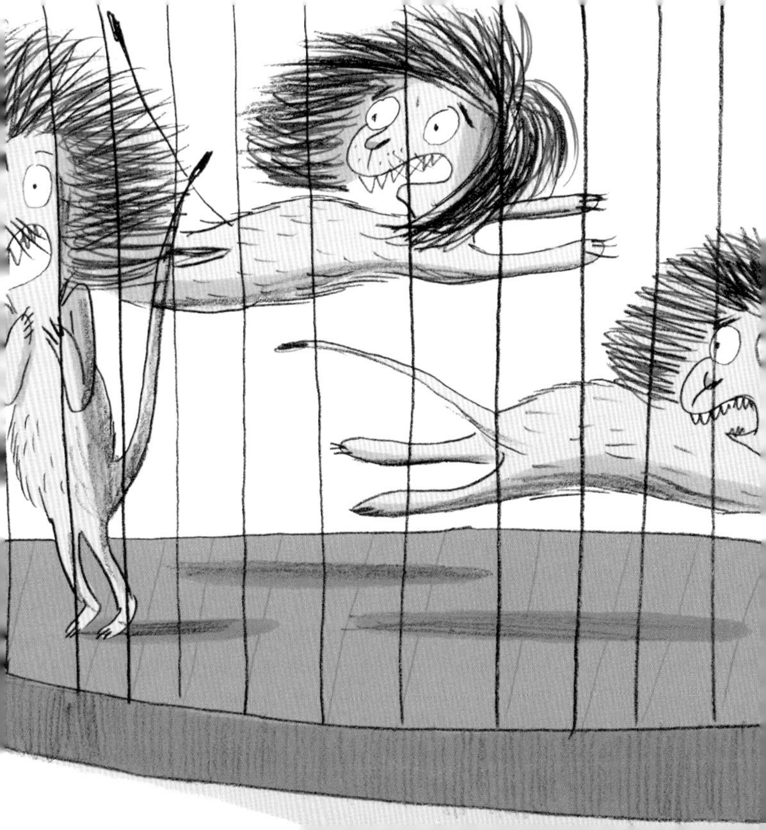

Prout d'Éva

papa dans le coma !

Prout de Flora

gondole le pyjama !

Parti du P.R.O.U.T

Prout de Francis

rase gratis !

Prout
de
Frédérique
collant élastique !

Prout de Gabriel

annonce l'arc en ciel !

Prout de Gaspard

les copains se barrent !

Prout de Gaston

fleure bon le saucisson !

Prout de Gildas

chapeau bas !

Prout de Gonzague

vent fort et vagues !

Prout d'Héloïse

fais tes valises !

Prout d'Hortense les rideaux dansent !

Prout d'Hugo

détraque la météo !

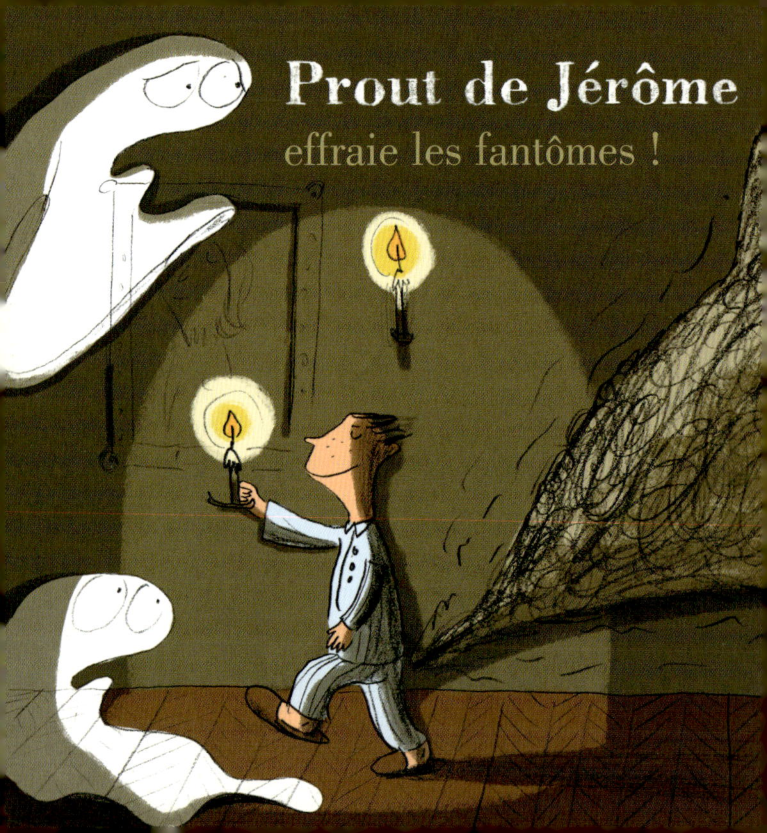
Prout de Jérôme
effraie les fantômes !

Prout de José

ascenseur bloqué !

Prout de Jules

séduit les libellules !

Prout de Juliette

œufs en omelette !

Prout de Karim déclenche la clim !

Prout de Laura...

C'est l'heure, on s'en va !
GYM

Prout de Léa

soulève les draps !

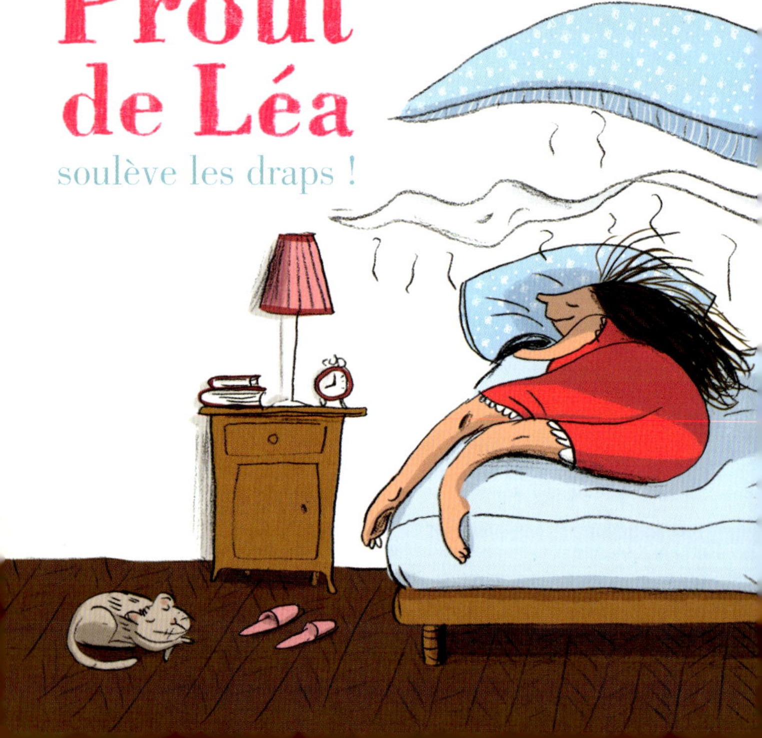

Prout de Léon

couette au plafond !

Prout de Léo

casse les hublots !

Prout de

trois fois coucou !

Lilou

Prout de Lisa

nec plus ultra !

Pschitt

Prout de Louis

tu sens et tu t'enfuis !

Prout de Louise

drôle de friandise !

Prout de

Lucas

fait fuir les nanas !

Prout de Lucie...

Prout de Margot...

Prout de Magali

par ici la sortie !

aérontop
Demandez conseil à votre médecin.
Pleine Forme,

Prout de Marine

guérit les angines !

Prout de Ma

stoppe un camion !

rion

Prout de Martin

ruine les coussins !

Prout de Mattéo

le temps se met
au beau !

Prout de Maxime

odeur rarissime !

Prout de Mireille

débouche les oreilles !

Prout de Mouloud

glouglou dans l'oud !

Prout de Nathalie

l'école est finie !

Prout de

Nathan

éloigne Satan !

Prout de Nicolas
sent le chocolat !

Prout de Noé

chatouille le nez !

Prout de

Noémie

tous aux abris !

Prout d’Océane

lit en dos d’âne !

Prout d'Ombeline

tu hallucines !

Prout

on la suit pas à pas !

de Patricia

Prout de Pauline

perce les bottines !

Prout de Pierre
étouffe le tonnerre !

Prout de Quentin
ressemble à du clavecin !

Prout de Raphaël toujours ponctuel !

Prout de Rémi

écrase les fourmis !

Prout de Robert

fesses de travers !

Prout de Rodriguez

réchauffe les merguez !

Prout de Roger

faut déménager !

Prout de Roland

fusille à bout portant !

Prout de Romain

embaume
le bon pain !

Prout de Romane

abat les platanes !

club night
sec

Prout de Sébastien

asphyxie le chien !

Prout de Siméon attire les grêlons !

Prout de Simon

stoppe net la conversation !

Prout de Théo

flotte dans les tuyaux !

Prout de Tristan

enchante les enfants !

ici,
on gonfle
vos ballons!

Prout d' Umberto
à chacun son écho !

Prout de Valentin

déloge les lutins !

Prout de Valentine

buée sur les vitrines !

Prout de Valérie

migraines et insomnie !

Prout de

Victor

dans le livre des records !

Prout de Violette

on prie pour qu'elle s'arrête !

Prout de Walter

fait pâlir le Munster !

Prout de Xavier enrichit le teinturier !

Prout de Yannick

dérègle les mécaniques !

Prout d'Yseult

pique les yeux !

Prout de Zinedine

ça shoote dans les narines !